ⓒ사진촬영_ 신대기

지는 싸움

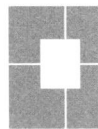

애지시선 048
지는 싸움

2013년 6월 12일 초판 1쇄 발행

지은이 박일환
펴낸이 윤영진
편 집 함순례
디자인 함광일 이경훈
홍 보 한천규
펴낸곳 도서출판 애지
등록 제 2005-5호
주소 300-812 대전광역시 동구 삼성동 125-2 4층
전화 042 637 9942
팩스 042 635 9941
전자우편 ejiweb@hanmail.net

ⓒ박일환 2013
ISBN 978-89-92219-43-3 03810

* 저자와의 협의에 의해 인지를 생략합니다
* 이 책 내용의 전부 또는 일부를 재사용하려면 저자와 애지 양측의
  동의를 받아야 합니다

예지시선 048

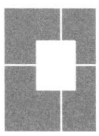

지는 싸움

박일환 시집

□ **시인의 말**

묻지도, 따지지도 않고
무작정 뺨을 후려치고 달아나는
저놈의 바람을 잡아라!

다짜고짜
쫓아 나선 길에서
얼마나 많은 밤이 지났을까
귀밑머리 허연 사내 하나
아직도 길 위에서
바람소리에 귀 기울이고 있다

2013년 5월
박일환

차례

시인의 말　005

제1부
천하무적 새싹　013
노숙　014
새만금 잠자리　015
연잎 막걸리 보살　016
남일당　018
진달래 붉은 꽃잎처럼　020
도마뱀붙이　022
날아라, 닭　024
새 눈　026
아스팔트　028
아침 신문　029
흔들리는 봄날　030
늙어가는 풍경　032
저물녘　034
공 차는 아이들　036

제2부

희망버스 47호 039
지는 싸움 040
기우뚱한 풍경 042
잔인한 희망 1 044
잔인한 희망 2 045
두리반 오동나무 046
충남슈퍼 가는 길 048
슬픈 시 050
용만이 형이 준 양말 052
소금꽃 편지 054
영도경찰서를 나와 056
강정을 생각하는 일 058
매화는 봄을 불러오지 않는다 060
눈물 062

제3부

숲속에 들어 065
나무무덤 066
애쓰는 마음 068
키 작은 평화 069
오래된 식사 070
거룩한 풍경 072
차강노르에서 일박 073
아침 호수 074
마니차를 돌리다 076
씩씩한 스타렉스 078
두 풍경 080
다정한 친구 081
유쾌한 볼일 082
게르 한 채 083
때죽나무 열매 084

제4부
파문 089
이 가을을 어떻게 건너가나 090
번개가 천둥보다 먼저 오는 이유 092
문얼굴 094
뻥튀기 객담 096
조감도 098
타워크레인에 대한 명상 100
11월 102
용서하지 마라 104
127호 산막 106
아구가 좋다 108
오타의 나라 110
볼록한 눈 111

해설 | 이민호 113

제1부

천하무적 새싹

봄을 틈 타
돋아난 게 아니라
자신이 돋아나서
비로소 봄이라는
우격다짐 앞에
너도 그만 홀리고 말았구나
아지랑이
아지랑이만 풀어놓으며
정신 줄 놓은
벌판아

노숙

새들이 숨기 좋을 만큼
바람이 수런대기 딱 좋을 만큼
제 몸을 넓혀보겠다고 나뭇잎들이
애쓰는 동안

나뭇잎들이 서로 얼굴 부비며
다정한 숲을 이루는 동안

숲으로부터 떨어져 나온
공원 벤치 위에
엽록소가 다 빠져나간 듯
누런 나뭇잎 한 장 누워 있다

제 몸의 크기를 줄이며
뒤척임도 없이
잘 말라가고 있다

새만금 잠자리

죽어가는 바다와 살아 있는 바다 사이
방조제 위에서 기념사진을 찍는데
잠자리 떼 날아와 얼쩡거린다
저도 찍히고 싶다는 겐지
한해살이 주제에 건방지다 싶은데
그래도 저놈들은
허물이라도 벗어놓고 왔지
죽음이 해마다 허물 벗는 것처럼
새로운 탄생일 수 있다면 얼마나 좋겠는가
생각하는 사이
찰칵,
셔터 소리에 갇혀 버린
돌이킬 수 없는 풍경 하나!

연잎 막걸리 보살

내소사 지장암
요사채 앞마당에서
푸른 연잎 위에 막걸리 한 모금 부어
벗들끼리 돌려 마시는 사이
늦은 밤 산사는
고요와 더불어 처마를 낮추고
연잎이 받들어 모신
막걸리
보얗게 홍취 오른 보살님 아니신가
이튿날
지장암 일지스님이 내 주신
아침 공양도
손수 달여 주신 한 모금 차도
연잎 위로 궁글어지던
막걸리 보살님 계셨기에
연꽃 피워 올리듯
달뜬 마음으로

받아 모셨던 게 아닌가
내 마음 속 부처님도
빙그레 웃으셨던 게 아닌가

남일당*

근대화 100년이 만든
저 검게 탄 숯덩이 앞에서

더 이상 고개 숙이지 마라
울지도 마라

정지된 미래를 떠메고 갈
장정들 아직 도착하지 않았다

삼킨 울음으로
노래하라, 춤추라

이제 곧 검은 비가 내리리니
화염에 탄 주검들 식으려면 아직 멀었다

누 세월이 흘러
백년이 천년 되는 날

미라처럼 누운
불멸의 기억 앞에서 소스라치리라

*용산참사가 일어난 건물.

진달래 붉은 꽃잎처럼

김포공원묘지 183번
한하운 시인의 묘지 앞에
진달래 한 그루
난만히 피어 붉은데

생전에 먼저 떨어져나가
함께 묻히지 못한
발가락과 손가락들의 안부를 떠올리다
잠시 올려다본 하늘 저편
파랑새 날아간 자국 희미하고
그 아래 이끼 덮인 봉분은 그저 묵묵하다

코앞에 있는 장릉공단 자그마한 공장들
그 안에도 있을 것만 같은
손가락 잘린 이주노동자
떨어져 내린 진달래 붉은 꽃잎처럼
아득한 천형天刑의 삶들이

밟힌다, 술 한 잔 올리지 못한 채 돌아 나오는 길
손가락 발가락 모두 무사한
내 육신은 무장 가렵기만 하고

도마뱀붙이

도마뱀붙이를 길러볼까 해요
도마뱀 사촌쯤 된다는데
발가락에 빨판이 붙어 있어
벽이나 천장에도 맘대로 매달릴 수 있대요

나도 천장에 붙어서 방바닥을 내려다보면
재미있을 것 같아요

공사장 비계에 매달려 일하다
철근더미 위로 떨어져 죽은 아빠
방바닥에 죽은 듯이 누워만 있다
아예 땅 밑으로 꺼져 버린 엄마

꽃잎처럼 혹은 낙엽처럼
대책 없이 아무렇게나 떨어져 내리는 것들을 보면
참을 수가 없어요
악착스레 매달리지 못한 죄를

누가 사해 줄 수 있나요

도마뱀붙이를 길러 볼까 해요
피붙이가 없는 나는
무엇보다 붙이라는 말이 좋아요
도마뱀붙이와 붙어살며
거꾸로 매달아 놓아도 떨어지지 않는
아귀힘을 길러볼까 해요

날아라, 닭

누가 냅다 걷어찰 때만
푸드득 날갯짓 시늉을 하는
저 닭들을 보면 알 수 있지
진화는 퇴행의 과정이기도 하다는 걸

하여 바람을 피운다고
닭날개를 먹지 못하게 하는 속신俗信 따위
믿을 바가 못 되지만
정작 날아볼 꿈조차 꾸지 않는 자들이
애꿎은 가금家禽만 놀려대는 가학성에 대해
나는 오늘 슬퍼지는 것인가

세월은 그냥 흘러가기만 하는 것이 아니어서
화석처럼 때로는 몽고반점처럼
지울 수 없는 흔적을 남기는 법인데
저 닭들은 지금
화려했던 옛 시절을 꿈속에서나마

만나고는 있는 걸까

우리 모두 빛나던 한 시절이 있었거니
푸르른 청춘의 날들은 가고
퇴행성관절염이나 걱정하는
무리들에 섞여 바쁘게 흘러가다
날아라, 닭
날아라, 닭
우리들 또한 누군가에게 냅다 걷어차인다면
그제서야 소스라칠 것인가

지상의 삶은 여전히 소란하고
날갯죽지 가려운 날들
아직 끝나지 않았는데

새 눈

이른 봄비 그치고
가지마다 작은 빗방울들
옹기종기 매달려 있는데

차마 떨어져 내릴세라
나뭇가지들
내민 팔 함부로 흔들지도 못하는데

끌어안고 기댄 자리마다
병아리 부리 같고
아기 입술 같은
새 눈이 머잖아 돋아나리니

철모르는 아이처럼
봄은 기어이 오겠구나
방긋 웃으며 오겠구나

지난겨울 생각에
나는 자꾸만
눈물부터 글썽거리는데……
어린것들만 보면 안쓰러운데……

아스팔트

급정거할 새도 없이
정면으로 부딪쳐 오는 화물차
놀라 부릅뜬 눈
외마디 비명과 함께
산산조각
튀어 오르는 파편
참혹하게 망가진 육체
감지 못한 두 눈
사이로 내려앉는 침묵
아무 일 없었던 듯
핏자국 위로
질주하는 자동차들
처음부터 끝까지
물끄러미 바라만 보고 있는
저
징그럽도록 딱딱한 얼굴!

아침 신문

지구 건너편에서
한 소녀가 울고 있을 것만 같은 아침에
느닷없이 꽃이 진다

떨어진 꽃잎을 집어 들면
화약 냄새가 묻어 있을 것만 같은 봄날이다

울타리 너머로 누가 꽃모가지를 꺾으며 지나가는지
내려오던 햇살이 움찔, 놀라는 걸

아무렇지도 않게 바라보며

어김없이 대문 틈에 엇비스듬히 끼여 있는, 저 파렴치
한!

흔들리는 봄날

꽃잎이 피는 일은
아버지의 아버지 적부터 있었던 일
꽃잎이 지는 일 역시
어머니의 어머니 적부터 있었던 일

그러니 꽃이 핀다고 기뻐할 일도
꽃이 진다고 슬퍼할 일도 아니지만
꽃 피는 봄날을 기다렸다
이내 슬픔에 젖는
오랜 습속을 버리지 못해

사내는 술잔을 기울이고
여인은 머리칼을 풀어헤친다

내년 봄에 다시 찾아오리라
누군가 숭고한 약속을 하고 떠났으나

오늘 기려야 할 것은 약속이 아니라
피고 짐의 순환 속에 놓인
저 아지랑이 같은 흔들림과
그 곁을 서성이는 발걸음 같은 것들

돌아오지 못한 이들을 기억하는 일보다
떨어진 꽃잎 깔고 앉아
화투짝 같은 세상을 노려보는 일이
이 생에서 주어진 과업인 것을

잊으면서 생각하고, 생각하면서 잊는 사이
사내의 술잔을 돌아 나온 바람이
여인의 머리칼을 쓸어내리고 있다
완성된 생은 이미 생이 아니라는 듯이

늙어가는 풍경

아버지와 아들이 냇가에서
물수제비를 뜨고 있다

어린 아들이 던진 돌은
두어 번도 채 물 위를 걷지 못하고
꼬르륵 가라앉곤 한다

안타까운 아버지가 시범을 보이고
자세를 바로잡아 주지만
아들의 돌은 여전히 몇 발짝 떼지 못한다

세상이라는 물 위를 사뿐히 건너가길 바라는
아버지의 마음이 읽힌다는 식으로
억지 해석을 하고 싶지는 않다

돌은 언젠가는 물에 잠기고
아버지의 삶도 먼 훗날 깊이 가라앉고 말 것이다

잠긴 돌이 떠오를 수 없다는 건
어린 아들도 아는 자명한 이치
다만 가라앉은 돌을 꺼내서 만져보고 싶은 순간이 찾아들 때
낯익은 그리움 같은 게
살짝 눈물처럼 맺히기도 하리라

그러므로 지금 저 풍경은
뒤로 멀어지지 않고
저만치 앞으로 달려가 있다
천천히 걸어올 아들을 기다리며 늙어가게 될 것이다

저물녘

갈다 만 밭 한가운데
트랙터가 혼자 서 있다

언뜻 늙은 소처럼 보이기도 하나
수고했다고 잔등 쓰다듬어 줄 손길을
트랙터는 지니지 못했다

해가 슬슬 서산으로 넘어갈 채비를 하는 동안
굴뚝 연기 같은 것들
아이를 부르는 어미의 소리 같은 것들
사라진 지 오래지만

잃어버린 풍경 대신
새로 들어선 풍경이 삭막해 보인다고 말하는 건
예의가 아니다

트랙터의 쓸쓸함에 대해

아무도 미안해하는 이 없다면
그게 더 삭막한 일 아니겠는가

어둠이 곧 밀려들면
무릎을 구부리지도 못하는 트랙터 위로
밤새 찬 이슬이 내리리라

공 차는 아이들

공중으로 높이 솟구친
저 둥그런 공은 누군가 밀어낸 것이다
장딴지의 근육을 이용해서 힘껏
내지른 것이다, 그러므로 비명을 질러야 마땅한
저 공은 그러나 유쾌하게 보인다
새들보다도 가볍고 자유로워 보인다
어디로 날아가서 어디로 떨어지든
솟구침 자체만으로도 행복한
저 둥그런 공은
땅으로 떨어져서도 기쁨에 겨워
몇 번이나 통통거리며 즐거워한다
공을 내지른 아이들도
그게 신이 나서 함성을 지른다

저 아이들이 오늘 밤
공처럼 둥그런 지구를 마음껏
뻥뻥 차올리는 꿈을 꾸며 잠들면 좋겠다

제2부

희망버스 47호

 안녕하세요? 여러분과 함께 소금꽃 김진숙 님을 만나러 가게 된 저는 서울에서 대학에 다니고 있는 학생입니다 아빠가 부산에 살고 계신데, 지난번 희망버스를 타고 갔을 때 아빠를 만나지 못했어요 그날 아빠가 일이 너무 많아서 집회장에 나오지 못하셨대요 그날 아빠가 저희와 함께하지 못한 게 너무나 미안해서 일하는 현장 바닥에서 밤새 쪼그리고 잤다는 얘기를 나중에 전해 들었어요 그래서 이번에는 저희 아빠처럼 어쩔 수 없는 사정 때문에 참여하지 못하는 사람들의 마음까지 함께 안고 참여를 하려고 해요 1박 2일 동안 희망을 만드는 즐거운 시간 함께 할 수 있으면 좋겠어요

 인사를 마친 여학생이 자리로 돌아가는 동안
 창밖 들판에선 푸른 벼들이 다정하게 어깨를 겯고 있었다

지는 싸움

꽃을 던져라
저들은 곤봉과 방패로 중무장했다

꽃을 던져라
저들은 돈으로 시장과 정보를 독점했다

그러니 꽃을 던져라
화염병과 사제폭탄 대신
꽃을 던지며 춤을 춰라

되도록이면 우아한 격렬함으로
밤이 새도록 꽃을 던지며 춤을 춰라

백번 싸워 백번 지는 싸움
그러니 싸워 이기려 하지 마라
다만 항복하지도 마라

꽃을 던지며 춤을 춰라
지치지 말고, 무릎 꿇지 말고

기우뚱한 풍경

여의도로 벚꽃구경 가자는 문자를
씹었네

1200일 넘게 농성을 하는 노동자들 앞에서
시낭송을 하기로 되어 있는 날이었네
잘린 목들이 밥도 굶어가며 싸우고 있다 했네

벚꽃구경 대신 노동자들 만나러 가지 않겠냐고
슬쩍 꼬셔보지도 않고
그냥 씹었네

씹기만 했네
노동자들이 복직해서
함께 벚꽃구경 가는 날이 온다면 모를까

씹어버리길 잘했다고
스스로 위안을 해보는데

치신머리없이 삼삼하게 눈앞을 왔다 갔다 하는
저게 뭐야
빌어먹을 벚꽃 아니더냐고

하필 이때 피어서 사람 무안하게 만드는
저 벚꽃은 필시
자본이 보낸 밀정일지도 몰라
억지에 억측을 보태다가

내년 이맘때도 농성이 안 끝나면 어떡하나
그때도 시낭송을 하러 가야 하나

벚꽃은 사람 마음 흔들어 놓고
자본에게 확실히 씹혀버린 노동자들만
흔들리지 않는 투쟁을 다짐하는
비대칭의 음화陰畵가
우울한 구름처럼 흘러가고 있었네

잔인한 희망 1

'벼랑에도 꽃이 핀다' 는 제목으로
시 한 편을 쓰고 있는데

어디선가 호통소리 들려온다

사람은 꽃이 아니야!

화들짝 놀라 돌아보니
크레인에 올라가 있는 노동자가 보이고
천 일 넘게 농성을 하고 있는 노동자가 보이고
베란다에서 몸을 날리는 노동자가 보인다

사람을 벼랑에 올려놓고 사다리를 걷어차 버린
무리들 속에
시인이라는 족속도 끼어 있었다고
줄지어 노려보는 눈동자들 앞에서
자판 위의 글자들이 길을 잃고 허둥대고 있었다

# 잔인한 희망 2

저 미련한 것들
간밤의 비바람에 다들 떨어져나갔는데
한사코 매달려서 버팅기는
철부지 같은 것들
힘차게 펄럭이는
깃발도 되지 못하면서
추풍낙엽의 시절에 어쩌자고
측은함만 불러들이는
누런 잎새들
그 아래

1000일을 넘겼다는 알림판이 붙어 있는
농성 천막 한 채

두리반 오동나무

두리반 3층 건물보다도 키가 크고
두리반 식당보다도 훨씬 나이가 많은
오동나무 한 그루
두리반 뒷마당에 있다
강제철거에 맞서 식당 부부가 300일 넘게
농성을 하는 동안에도
오동나무는 여전히 늠름한 모습으로
무성한 잎을 매달고 있으나
두리반 건물이 철거되는 날
오동나무 역시 철거 신세를 면치 못하리라
아무도 돌보는 이 없는 세월을
혼자 뿌리내리고 가지 뻗으며 버텨왔으니
억울하기로 치면 식당 부부보다 더할 거라고
여기 나무가 있다*, 소리치고 싶을 거라고
생각하며 오동나무를 바라본다
그러자 오동나무가 커다란 잎을 살짝 흔들며
내 뿌리가 지금 네 발밑에 있으니

내가 뿌리 뽑히는 날 너도 무너져 내릴 거라고
말하는 소리가 들렸다
아무도 그 소리 못 들은 것 같아
서둘러 받아 적고 있는데
어느새 발밑이 꺼져 내리는지 몸이 기우뚱 흔들렸다

*용산 참사 이후 철거민들의 삶을 담아 펴낸 '여기 사람이 있다' 라는 책의 제목에서 빌려왔다.

충남슈퍼 가는 길

동네슈퍼가 발을 동동 구른다
대형마트 때문에 죽겠다고 울상을 짓는다
덩치 큰 놈들만 먹고 살라고 할 수는 없지
나라도 동네슈퍼를 애용해야지
그런 생각을 하면서도
충남슈퍼만큼은 가고 싶지 않았다
자주 드나들던 단골은 아니지만
소설 쓰는 인휘 형하고
캔맥주를 사서 마시기도 하던 그곳
주인하고 싸운 것도 아니고
물건 값이 비싸서도 아니지만
다시는 찾을 일이 없기를 빌었다

하지만 오늘만큼은 기쁜 마음으로 가야겠다
가산디지털단지 역에서 마을버스 03번을 타고
충남슈퍼 앞에서 내려달라고 해야겠다
공장 앞 컨테이너에서, 경비실 옥상에서, 포클레인 위

에서
  1895일을 버틴 기륭전자 여성노동자들이
  마침내 공장으로 돌아갈 수 있게 됐다며
  승리보고대회란 걸 한다고 하니
  가서 막걸릿잔이라도 함께 부딪쳐야겠다

  언제나 막막하고 슬프고 화가 나던
  충남슈퍼 가는 길
  안녕, 이제는 안녕!
  한껏 유치해져도 좋을 마지막 작별인사를 하고 와야겠다

슬픈 시
— 청년 박정근을 위해

김정일 만세, 장난삼아 트위터에 올렸던 청년이
감옥으로 갔다

국가보안법 위반 혐의로 조사를 받으러 다닌 뒤부터
발기가 안 된다는 스물다섯 청년의 하소연을 들으며
박정근 자지 만세!
내가 고무 찬양해서라도 키워주고 싶었다

내가 만세를 부른다고 해서
죽어버린 자지가 커지겠는가
박정근이 만세를 부른다고 해서
죽어버린 김정일이 살아나겠는가

죽어야 할 것이 살고 살아야 할 것이 죽기도 하는 게
아무리 세상사라고 하지만
관 뚜껑을 열고 나온 국가보안법이
멀쩡한 청년의 자지를 죽이다니!

대한민국을 발기불능 상태로 끌고 가는 대공분실
그 앞에서 딸딸이라도 쳐야 하는 걸까?
내 건 아직 죽지 않았다고, 자랑스럽게 내보여야 하는 걸까?

내 시를 이따위로 만든 국가보안법에게
지독하게 슬픈 마음으로
받들어 좆!

용만이 형이 준 양말

영도조선소 가는 길은 가깝고도 멀어서
김진숙은 만나지 못하고
용만이 형만 만나고 왔네
온종일 퍼부어댄 장대비에
멀리서 온 벗들 양말이 젖었을까봐
새 양말 스무 켤레를 가방에 넣어온
용만이 형 손에 이끌려 간 자갈치횟집
가지런히 썰려 나온 회들은 연하고 부드러웠으나
미안하고 고맙다며, 소주를 따라주는
용만이 형 손은 뭉툭하고 거칠었네
눈물 나는 일들이야 영도다리 아래로
소주잔 비워내듯 털어버리고 싶었으나
크레인에 올라가 있는 김진숙이나
평생 연장에 매여 살아온 용만이 형 앞에서
내가 먼저 미안하고 고맙다는 말 전하고 싶었으나
차벽처럼 거대하고 단단한 것들이
자꾸만 명치끝을 눌러대는 바람에

급하게 용만이 형 가방에서 양말 하나 뺏어 신고
찔끔 눈물 한 방울 흘렸던가
피할 수 없는 고립을 감내하는 일이
얼마나 아득한 일인지 모르는 나는
용만이 형이 김진숙이고
김진숙이 용만이 형이라고,
용만이 형한테 얻어 신은 양말이
실은 김진숙이 보내준 거라고,
애써 자위하며 돌아섰네
용만이 형 가방에서 나온 양말을 신고
영도조선소 앞 봉래 교차로를 떠나왔네

소금꽃 편지

 두규 형, 형의 첫 시집 『사과꽃 편지』를 꺼내 읽는 중입니다 왜 하필 돌아가신 이광웅 선생님께 바치는 시를 표제로 삼았을까요? 며칠 전 구례에서 만난 벗들끼리 형을 앞세워 구례군당 비트를 찾아 피아골에 올랐지요 왜 하필 흔적조차 희미한 빨치산 근거지를 찾아 나섰던 걸까요? 이광웅 선생님의 시처럼 '목숨을 걸고' 해야 하는 일이 아직도 남아 있는 걸까요? 그날 나는 비트에 이르지 못하고 중간에 만난 삼홍소 정취에 취해 게서 주저앉고 말았지요 그래도 되는 일이잖아요 죽은 이들은 이제 잊어도 되잖아요

 그런데 형, 저는 오늘 소금꽃 편지를 안고 부산으로 가요 꼭 가야 할 것만 같아서요 등짝에 허연 소금꽃을 피우며 일하던 노동자들을 살리기 위해 쉰둘의 해고 노동자 김진숙이 200일 넘게 35미터 크레인에 올라가 있다잖아요 날마다 살아 걸어내려오는 연습을 한다는 소금꽃 그 여자를 죽일 수는 없잖아요 사실 어제 영도경찰서에서 집

으로 편지가 왔어요 지난번에 부산에 간 일로 집회및시위에관한법률을 위반했으니 피의자 조사를 받으러 오래요 그것 때문에 가는 건 아니고, 다시 한번 크레인 앞에 가서 꼭 살아서 내려오라고 말해 주고 싶어요

 형, 그날 구례군당 비트까지 함께 가지 못해서 미안해요 어쩌면 죽은 이들 곁에 가기가 두려웠는지도 몰라요 대신 부산으로 가서 살아 있는 김진숙을 만나고 올래요 지금 내가 쓰고 있는 소금꽃 편지가 크레인 위까지 전달이 될지는 모르지만, 살아서, 죽지 말고 살아서 만나는 일이 희망일 테니까요 형이 그날 삼홍소에서 술에 취한 나를 부축해서 내려왔잖아요 미안하고 고마웠어요 두규 형, 나도 그렇게 누군가를 부축해 줄 수 있을까요? 김진숙을 부축해서 내려오는 손길들이 있다면 나도 슬쩍 그 곁에 끼고 싶어요 그래서 가는 거예요 한진중공업 영도조선소 85호 크레인 앞으로요

영도경찰서를 나와

앞에 가는 이의 무릎 뒤편
바지에 잡힌 주름을 보며 걷는다
주름은 무릎을 구부렸던 흔적이니
무릎 한번 구부리지 않고 살기는 얼마나 어려운 일인가

영도경찰서 젊은 수사관과 묻고 답하던
세 시간 남짓한 동안에
양순한 내 자세만큼이나
내 무릎 뒤편 바지도 고이 접혀 있었으니
내 죄는 무엇이었을까

영도다리는 허물어질지언정 무릎을 꿇을 수 없으나
나는 평생을 꼿꼿이 살고자 한 적 없으니
무릎을 꿇으라 하면 못할 것도 없겠다
구부렸다 펴는 힘이
오늘을 밀어 내일에 가 닿게 할 것을 믿는 것으로
지금껏 잘 견뎌왔다 생각하면

주름 잡힌 오늘의 삶을 사랑할 수도 있겠다

내가 받은 소환장 말고 내가 만든 소환장에
사랑합니다, 꼭 살아서 내려와야 합니다
꾹꾹 눌러 적은 다음
85호 크레인 위로 보낼 수도 있겠다

접힌 길에 갇힌 것처럼 보여도
접힌 길 속으로 들어가야 퍼낼 힘도 생기는 법이니
누가 내 죄를 묻는다면
뻣뻣한 것들보다 주름 잡힌 것들을 눈에 담았을 뿐이라고 말하겠다

강정을 생각하는 일

강정에서 하루에도 몇 차례씩 메일이 오는데
제목마다 박혀 있는 연행, 체포 소식이 두려워
차마 열어보지 못하고 휴지통으로 옮기고 만다
멀리 육지에 산다는 이유로 한 번도 가보지 못한
강정, 깨져나간 구럼비 바위의 파편을 맞지 않으려고
한사코 달아날 궁리만 하는 나의 심약함을
붉은발말똥게는 진작 눈치 챘으리라

강정을 생각하는 일은 슬픈 일
애써 생각지 않으려 해도
달아날 수 없도록 만드는 전언을 피해
붉은발말똥게처럼 옆으로 옆으로
피해 다니며 술이나 마신다
술에서 깨어나 이따위 시나 쓴다

강정을 생각하는 일은 두려운 일
제국의 첨병들이 쳐놓은 펜스 밖으로 밀려난

주민과 사제와 평화운동가들이
결사항전, 트럭 앞에 누워 울부짖는 동안
파도야, 하얗게 부서지는 강정 앞바다 파도야
소리쳐 부를 힘이 내게는 없다

멀리 있어도 슬프고 두려운 일이 너무나 많은
나날 속에, 강정
네 이름을 도리질로 외면하며
가지 말자, 가지 말자
다짐도 아닌 다짐과 함께 꾸역꾸역 밥을 먹고
저녁이면 술을 마실 때
비굴함도 쌓이면 비애가 되는가

헛소리는 노래가 되지 못하고
강정, 메아리조차 서러운 이름이
오늘 또 내게로 온다
내게로 와서 포말처럼 부서진다
울음도 없이 강정이 전해준 시를 받아 적으며
나는 또 간신히 구럼비를 떠올리다가
붉은발말똥게를 생각하다가
기어이 부끄러움에 고개를 떨구고 마는 것이다

매화는 봄을 불러오지 않는다
— 박지연 씨*를 추모하며

더 이상 믿지 않기로 했다
매화가 피면 봄이 멀지 않다는 사실
만고불변의 진리라 해도
아닌 것은 아닌 것, 이제부터
기대와 소망 따위 품지 않기로 했다

남쪽에서 매화가 한창 북상 중이던
3월의 끄트머리를 밟고
네가 가버린 그날 그 순간부터
꽃 피는 봄날이라는 말, 함부로
읊조리지 않기로 했다

어떤 눈보라가 쳤던 건지
어떤 비바람이 불어왔던 건지
살아생전 대답도 듣지 못한 채 너는 가버렸고
속절없이 꽃이 핀들
눈길은 너를 더듬어 하늘로만 향하는데

드디어 봄이야,
고운 네 목소리로 들려주지 않는 한
봄이 어찌 봄이겠는가
꽃이 어찌 꽃이겠는가

네가 없는 지상에선
한 줌 햇살마저 차마 부끄러워

꽃이 무더기로 피었다 지더라도
봄바람이 대책 없이 살랑대더라도
꽃 같은 것 예뻐하지 않기로 했다
봄 같은 것 쳐다보지 않기로 했다

*여고 3학년 때부터 삼성반도체 온양공장에서 일하다 백혈병에 걸려 투병하던 중 2010년 3월 31일에 만 스물셋의 나이로 숨졌다.

눈물

3월이 넘어서도
구석에 웅크려 앉은 잔설
아직 흘려내지 못한 눈물이 남은 탓일까?
언젠가는 저것들도 다 녹아 없어질 테고
그 자리에 파릇한 풀들 돋아나리라
그걸 차마 희망이라 부를 수 있을 건가
곧 꽃이 피리란 소식을 받아 적는 손길들이
무심타!

제3부

숲속에 들어

드릴 것이 없습니다
드릴 것이 없는 나를 받아주셔서 고맙습니다

나무무덤

사람은 사는 일 자체가 죄업을 쌓는 일이라서
한평생 반성하며 살아도 모자란다
그런 사람들이 죽은 뒤에 둥그런 집을 지어놓고
자손이며 후손을 불러들여 절을 하게 하니
살아서는 물론 죽어서도 제 집 한 채 갖지 못한
뭇 생명들에게 미안하고 죄스러운 일이다

울진의 불영사 앞에 가면 무덤 한 채 있다
1300년을 살다 열반하셨다는 굴참나무
그루터기만 남아 삭아가는 그 위에
길손을 쉬게 해 주던 그늘이며
새들에게 내어준 너른 품이며
다람쥐들에게 보시해준 도토리며
평생 쌓아온 덕을 기려 돌멩이 하나씩 얹기 시작했으니
동산만큼 커다란 임금의 무덤이 부러울까
송덕비 앞세운 양반집 무덤이 부러울까

부처님 그림자가 비친다는
불영사 연못을 찾아가기 전에
굴참나무 무덤 앞에 합장부터 할 일이다
그림자만 좇지 말고
그림자를 내어주는 삶에 대해 생각할 일이다

애쓰는 마음

비구니 스님들만 산다는 불영사를 찾아드니
제법 널따란 고추밭이 반겨주더군요
줄기마다 빨간 고추들이 매달렸는데
돈오돈수 돈오점수
고놈들도 알 건 안다는 듯
용맹정진의 자세로 한창 약이 올라 있더군요
그 마음이 갸륵해서
나도 모르게 합장을 할 뻔했는데요
바야흐로 때는 가을이라
붉어질 건 붉어지고
떨어질 건 떨어져야 한다는
법문 한 자락
비구니 스님을 만나기도 전에 얻어듣고
내 마음도 조금은 붉어졌는데요
고추밭을 돌아 나오며
애쓰는 마음에 대해 곰곰 생각하느라
앞서간 일행을 잠시 놓치기도 했다지요

키 작은 평화

몽골 초원에선 키를 낮춰야 한다
아름다운 풀꽃들도 함부로 키를 높이지 않고
땅과 가까이 붙어서 산다
그게 바람을 경배하는 자세임을
오래전부터 터득한 양과 염소들도
온종일 고개를 땅으로 향한 채
키 작은 평화를 제 입에 밀어 넣고 있으니
높아지기보다 넓어지려 애써 온
초원의 시간이
지금껏 달려온 사람의 발자국을 지우고 있다

오래된 식사
— 몽골 초원에서

달리던 차를 세우고
초원 한가운데 식탁을 차린다
샌드위치 몇 개와 커피 한 잔으로
이른 점심을 해결하는 동안
천천히 풀을 뜯으며 지나가던
염소들의 새김질은 얼마나 오래된 식사인가
식탁을 치우고 다시 차를 달리는 동안에도
염소들의 식사는 오래도록 이어질 테고
우리들의 식사가 정지된 사진 한 장으로 남아
잠든 기억을 깨울 때쯤
초원에선 염소의 어린 새끼들이 자라
여전히 느릿한 식사를 하며
푸른 영토를 제 몸에 새기고 있으리라
염소들의 순한 눈망울을 씻어주며
우리들의 상한 영혼 한 자락도
살짝 띄워 주던 바람
그래, 염소도 초원도

천년보다도 더 오랜 천년 전부터
바람의 자손이었지
바람이야말로 이 모든 것을 키워 준 양식이었지

거룩한 풍경
— 홉스굴에서

푸른 이내가 감도는 저녁답
호수는 멀리 산 그림자를 끌어당기고
열 살이 채 되지 않았을 앳된 소년이
말을 달려 사라지더니
이윽고 양떼를 몰고 돌아오는 풍경이다
소년을 부르는 어머니의 목소리가
호수 위로 퍼져나가고
어린 양들이 소년의 인도 아래
제 쉴 곳으로 찾아드는,
지구의 한 모서리가 절로 환해지는 시간이다

차강노르에서 일박

차강노르에서의 저녁 만찬은
구운 돌로 익힌 양 한 마리였으니
잘 익은 살점이며 갈비를 뜯는 동안
밤은 깊어가고 차강노르 호수 위로
별들이 하나둘 돋아나기 시작했다
만찬을 마친 뒤 호숫가를 서성이며
제 몸을 통째로 인간에게 공양한
양의 영혼을 좇아 하늘길을 더듬어 보는 건
조금쯤 유치한 감상일지도 모르나
서녘 하늘을 물들여주고 사라진 노을만큼이나
우리의 삶 역시 가뭇없는 것이어서
그렇게라도 가여운 영혼을 위무해 보는 것이다
이국땅까지 와서 떠도는 우리들의 지친 영혼도
먼 훗날 육신을 땅에 바친 다음
저 하늘의 별로 돋아날 수 있기를
잠시 빌어보는 것이다

아침 호수

물 위로 반짝이며 부서지는
윤슬 같은 삶을 꿈꾸던 시절이 있었다
태양은 아침마다 어김없이 떠올랐고
내가 끌고 온 길들이 어디쯤에 버려져 있는지
새삼 돌이켜보고 싶지 않은 날을 맞아
나는 오늘 낯선 땅 한 모퉁이에서
아침 호수를 바라보고 있는 중이다
윤슬이 빚어내는 무늬를 두 눈에 담으며
또 다시 살아내야 할 시간들이
물가를 서성이는 야크 떼가 거느린 시간보다
넉넉하지 않을 수도 있겠다고 생각하는 중이다
그제야 윤슬 조각 하나하나가
물고기의 은빛 비늘처럼 촘촘히 서로를 껴안아
팔딱이는 생명을 헤엄치게 한다는 것을
끄덕이며 끄덕이며 받아들이고 있는 중이다

아침 태양이 호수 위로 서서히 높아지고 있다

* 윤슬 : 햇빛이나 달빛에 비치어 반짝이는 잔물결.

마니차를 돌리다

마니차를 한 번 돌리면
경전을 한 번 읽는 것과 같다고 하니
경전을 읽을 줄 모르는 사람도
마니차를 돌리면 해탈과 열반에 이를 수 있겠다

사원에서 만난 사람들은 한결같이
원통으로 된 마니차를 돌리며 지나가고
손길이 닿을 때마다 마니차는
제 몸에 새겨진 중생들의 지문을 기억하리라

행렬은 이어지기도 하고 끊어지기도 하지만
돌리는 일은 거룩한 일
나무아미타불을 외듯 마니차를 돌리는 동안
지구 역시 조용히 돌고 있을 테니

나고 죽는 일만큼이나
쉼 없이 이어지는 발걸음을 받아 안으며

지구는 얼마나 묵묵히 제 몸을 돌리고 있었던 걸까?

머나 먼 길을 걸어
이곳 몽골 사원에서 마니차를 돌려보니
해탈과 열반에 이르는 길이
저 단순한 묵묵함에 깃들어 있다는 걸 알겠다

씩씩한 스타렉스

사람 한 가득 짐 한 가득
더 이상 들어갈 틈도 없이 채워 넣고
씩씩하기도 하지
산 넘고 개울 건너 자갈밭도 아랑곳없이
아침부터 저녁까지 때로는 달도 없는 밤길을 달리는 동안
앞발이 주저앉고 뒷발도 풀썩이곤 했지만
이내 다른 발로 갈아 끼우고 상처 난 자리 때우며
몽골의 야생마처럼 스타렉스여
힘차게 바람을 가르며
달려라, 달려!
넓디넓은 몽골 땅을 누비기 위해
네 품에 안긴 우리가
덜컹거림을 참고 흙먼지를 마시는 것쯤이야
네 수고에 견줄 바 못 되거늘
우리가 일상으로 돌아간 뒤에도
씩씩한 스타렉스여

간간이 꿈속에서라도 나타나 주렴
조금 더 씩씩하게 살아가라고
함부로 무릎 꿇거나 주저앉지 말라고
부릉부릉 힘찬 콧김을 불어넣어 주렴

두 풍경

초원에서 풀을 뜯고 있는 염소들
검은 놈에 하얀 놈, 누런 놈에 얼룩이까지
색깔은 달라도 서로 밀어내지 않고
다정하게 풀밭 식사를 한다
간혹 머리를 맞대고 힘자랑을 하는 놈들도 있지만
그때뿐, 이내 친구로 돌아온다

몽골에서 돈 벌러 온 청년이
손가락 잘리고 치료비도 못 받은 채
돈 받으러 갔다 몽둥이찜질까지 당하고
울란바토르 행 비행기 표 한 장 쥐고 있다
염소처럼 순한 눈망울에
고향의 초원이 흐릿하니 맺혀 있다

다정한 친구

 마흔다섯의 운전기사 바타르와 스물둘의 가이드 타이왕은 다정한 친구, 처음 만난 사이라는데도 여행길 내내 운전석과 조수석에 앉아 연신 장난을 쳐댄다 시간이 나면 씨름을 하기도 하고 서로 팔뚝을 툭툭 치며 스스럼없이 어울리는 모습이 천진난만하기만 한데, 과묵한 바타르가 타이왕만 만나면 수다쟁이가 되고 씩씩한 타이왕은 바타르만 만나면 헤헤거리느라 바쁘다 그러다 하루 헤어진 적이 있는데 다음날 아침 타이왕이 돌아오자 서로 종주먹을 들이대는 시늉을 하며 사랑을 나누는 모습에 나도 덩달아 기분이 좋아지기도 했다

 말을 할 때면 서로의 눈을 깊숙이 쳐다보곤 하는 바타르는 아들만 하나 둔 아버지, 타이왕은 아버지가 누군지도 모르는 청년, 타이왕을 바라보는 바타르의 눈에는 씩씩한 아들이, 바타르를 바라보는 타이왕의 눈에는 기억도 안 나는 아버지가 담겨 있으려니 생각해 보는 내 마음이 아련 울컥해지기도 했다

유쾌한 볼일

초원에 앉아
엉덩이에 힘을 주고 있는데
난데없이 참새 한 마리
내 앞에 날아와 앉더니
내 거시기를 힐끔힐끔 쳐다보고는
포르릉 날아가는 거야
나는 봤다
나는 봤다
친구들에게 자랑하러 가는 것만 같아
속으로 피식 웃음이 났던 거야
맹랑한 참새 덕분에
볼일 한번 유쾌하게 봤던 거야

게르 한 채

몽골에서 무엇을 보고 왔느냐 물으면
누구는 초원을 가리키고
누구는 바람을 불러오고
누구는 밤하늘의 별을 이야기하겠지만
나는 게르 한 채 보고 왔다고 대답하리
멀리서 바라보면
몽골 하늘의 희디흰 구름 빛깔을 닮은
게르 한 채
외로워서 빛나는 그 쓸쓸함을 노래하리
초원도 바람도 별도
가축마저 얼려 죽인다는 한겨울의 추위도
게르 한 채에 모두 담겨 있으니
그 안에서 밥을 해먹고 아이를 낳아 기르며
누천년을 이어 살아오는 동안
지배하지 않되 지배당하지도 않은
게르 한 채의 역사를
내 안에 온전히 받아 모시는 일이
내 삶의 과업이 되어야 하리

때죽나무 열매

함양 상림에 드니
천년 숨결 간직한 나무들 울울하고
때죽나무 꽃 진 자리마다
조랑조랑 열매들 매달려 있었는데요
신라 적 고운孤雲 선생의 자취보다도
고웁게 다가와 안기던 고 작은 열매들처럼
나도 그 옆에 가만히 매달리고 싶었어요

꽃말이 겸손이라고 했던가요
그래서 열매도 저렇듯 소박하려니
생각하는 마음이 절로 흐뭇하기만 했는데요
천년을 산다는 건
인간의 어리석은 욕망일지라도
작은 열매 한 알 맺어보는 꿈 정도는
간직할 수 있는 거겠지요

암 덩이를 떼어 낸 몸으로

나보다 가볍게 발걸음을 놀리던 벗과 함께
상림 숲길을 걸어 나올 때
이미 반백년을 살아 왔으면
이루지 못한 꿈조차 아름다운 거라고
때죽나무 열매는 그렇게 말하는 듯싶었어요

너무 높지 않은 자리에 매달려 있어
더 마음이 끌리던 때죽나무 작은 열매들
생각날 때마다 고개를 들면, 거기
바쁜 걸음 잠시 쉬었다 갈 때도 되지 않았냐며
빙그레 웃고 있을 것만 같았지요

제4부

파문

안에서 밖으로 밀고나가는
둥그런 물결

이내 흔적 없이 사라질지라도
동심원은 점점 큰 원을 그리며 나아갈 뿐
안으로 작아지는 법이 없다

밖으로 밀어내는 힘은
중심에 있으니
소용돌이에 잡아먹히지 않으려면
배꼽에 힘을 줄 것
되도록이면 멀리 퍼지도록
참았던 숨을 크게 터뜨릴 것

풍덩, 호수 위로 몸을 던지는 순간
너의 가슴에 가 닿고 싶은 마음이
둥근 무늬를 만들며 퍼져나간다

이 가을을 어떻게 건너가나
― 故 강원일 선생님을 보내며

이제 막 가을이 오기 시작했으나
이파리들은 여전히 가지에 매달려 있고
열매는 충분히 익지 못했다
아직 더 많은 시간을 기다려야 했고
걸어가야 할 길이 저 멀리 있었다
그 길 한가운데로
당신이 속절없이 떨어져 내릴 줄 알았다면
가을이 오기를 소망하지 않았으리라
지난 태풍에 떨어진 낙과를 집어든
농부들의 참담한 표정을 무심히 지나쳐온
무지와 몽매를 반성하기도 전에
감당할 수 없는 바윗돌 하나
쿵, 내려앉고 말았으니
불러도 대답 없는 이름만
이름 끝에 묻어나는 추억만
슬픈 가슴에 꽃잎처럼 새겨지는구나
당신이 없는 빈 교실에서

허공을 더듬는 아이들 눈망울처럼이나
쓸쓸해서 참으로 쓸쓸해서
이 가을을 어떻게 건너가나
이 가을을 무어라 노래해야 하나
눈물 속에 당신을 실어 보내고
아, 이제 누구를 사랑해야 하나

번개가 천둥보다 먼저 오는 이유

성난 구름의 표정을 보는 건
불안하고 두려운 일
검은 이불이 하늘을 덮을 때마다
달아나 숨을 공간을 찾느라 부산한 사람들의
저 막막한 표정!

검은 구름은 어느 날 갑자기 생긴 게 아니라
땅에서 슬금슬금 하늘로 올라간 거라는 사실쯤
초등학교 시절에 이미 배웠으나
불안이 공포를 낳고 공포가 순응을 낳는
오늘, 기포처럼 터지기만 하는 지상의 삶은
초조와 질주 사이에서 헐떡이고 있다

하늘로 올라간다는 것이
땅 밑으로 꺼지는 것 못지않게 비극적이라는 걸
애써 모르는 척하는 사이
바람이 술렁이며 전하는 폭풍우의 예감

성난 구름이 몰아오는 말발굽 소리에
미처 우산을 챙기지 못한 자들은
처마 밑이나 지하 계단을 찾아 뛰어갈 것이고
징조는 언제 누구에게나 공평했으니
두려움이란 스스로 만들어내는 것

하여 천둥보다 번개가 먼저 찾아드는 건
 섬광, 그 찰나의 순간에
 빗금으로 갈라지는 네 얼굴을 똑바로 보아 두라는 것이다
 쓰러질 곳조차 막막한 비극의 창백함을 새겨 두라는 것이다

문얼굴

문얼굴은 문의 테두리를 가리키는 우리말
그러므로 문은 얼굴 안에 몸체를 담고 있는 셈이다

오늘 아침, 화장실 거울에 내 얼굴을 비추며
가려지지 않는 삶의 이력을 스윽 만져보는 기분이
묘하다, 감출 수도 달아날 수도 없는 얼굴의 운명
어린 아기의 얼굴이 평화로운 이유도
아직 몸이 죄를 짓지 않았기 때문이니
어쩔 수 없이 세월이 흐르고
얼굴이 뒤틀려 아귀가 맞지 않으면
내 삶도 어딘가에 버려질 것이다
그때쯤이면 얼굴에 쑤셔 넣은 몸의 역사가
더 이상 부담스럽지 않고
이미 저질러버린 죄도 먼지처럼 가벼워질까?
생각하는 동안 주름이 한 줄 늘어나고
숨을 곳이 없어진 오늘의 삶이
주름과 주름 사이로 미끄러지는 걸 보며

먼 훗날 삶을 마감한 뒤
얼굴에서 서서히 몸이 빠져나가는 걸 지켜보는 것도
그리 나쁠 것 같지는 않겠다는 생각을 한다

뻥튀기 객담

시 쓰는 임성용은
시만큼이나 입담이 좋아 구라 치길 좋아하는데
한 번은 남의 문학 강연회 자리에 와서
뻥튀기 이야기를 하는 거야
장터에서 뻥튀기 기계를 아무리 뱅글뱅글 돌려도
뻥 터지질 않더라는 거지
시간이 되면 뻥 터져줘야 뻥튀기인데 말이지
알고 봤더니 밑에서 불을 안 땠다나 어쨌다나!
그 말을 듣다 괜히 뜨끔해지는 거 있지
밑불도 안 때고
내 시가 뻥 터져주길 바랐던 심보를 들킨 것만 같았던 게지

나이 들수록 시는 안 되고 심술만 느는지
뒤풀이 자리에서도 술잔이나 뱅글뱅글 돌리며 헛손질을 하다
노래도 잘하는 임성용이 자꾸만 일어나서 노래를 하기에

괜히 심술이 나서
이제 그만하라고 볼테기를 꼬집으며 끌어 앉혔지 뭐야

다음 날 아침에도 심술이 가라앉지 않아
밑불도 안 땐 채
시 한 편을 날로 먹으려는 이 꼬락서니를 좀 봐!

조감도

아파트 모델하우스 안에 있는
21세기의 진경산수화, 조감도 앞에서
고개를 갸웃거리고 있는 낯선 사내를 훔쳐보니
건축을 전공하고 시를 쓰기도 했다는, 바로 그 이상이다

푸른 나무가 있고 벤치가 있고
자전거를 타고 가는 젊은 부부도 보이는
조감도의 배경 속에서, 이상은 아무래도
막다른 골목길을 달려가던 13인의 아해들을 찾고 있는 표정이다

일찍이 조감도를 비틀어 오감도를 만들었던 이상에게
21세기 판 진경산수화는 너무도 구태의연할 터
모델하우스를 빠져나오던 이상은
핸드백 아줌마들과 떴다방 아저씨들을 바라보며 중얼거린다
― 내가 풀어놓은 아해들이 어느새 저렇게 자랐구나

이상이 떠난 뒤
조감도 앞에 모여든 사람들은
까마귀 눈을 하고 있던 깡마른 사내를 기억하지 못한다

무서운 아해가 자라 조감도를 그리고
무서워하는 아해가 자라 조감도를 관람하러 오는 모델하우스
박물관에 걸린 조선시대의 진경산수화보다
눈부신 조명을 받는 21세기의 조감도는
막다른 골목이 낳은 막다른 욕망의 기막힌 카피다

타워크레인에 대한 명상

한밤중에도 허리를 접지 않는 타워크레인

내가 절망스러운 건
이 도시에선 누구보다도 먼저
저 놈이
아침에 떠오르는 태양과 첫입맞춤을 하리라는 것이다

아무리 부릅뜬 눈으로 새벽을 지킨다 해도
저 놈이 허리를 곧추세우고 있는 한
나는 그저 놈이 흘린 햇살 조각이나 만지작거릴 수 있을 뿐

그리하여 절망은 기교를 낳고
기교는 다시 절망을 낳는다던 식민지 시절의 천재 시인이
실은 촉망받는 건축가였다는 사실이
새삼 돌이켜지는 것이다

인간의 직립보다

타워크레인의 직립이 더욱 위대하다는 걸
그는 나보다 먼저 알아차렸으리라

절망 속에서 요절한 천재시인도 못 되는 나는
타워크레인의 그림자를 피해
한사코 가로수 그늘 아래로나 숨어 다니는 것인데
그러다 훌쩍 발길을 돌려세워
거대한 흡반처럼 끌어당기는 이 도시를
배반하고픈 욕망에 사로잡히는 것인데

나의 비장함에 비해, 타워크레인
저 놈은 무표정하기만 하고
얼마 전 타워크레인에 올라 깃발을 늘어뜨린 사내들이 실은
추락하지 않기 위해 허공을 밟아 올라갔음을 생각하며
차라리 내가 고무다리를 끄는 불구의 사내였으면
싶어지는 것이다, 날개도 없는 옆구리를 연신 만져대며

11월

늦가을 숲길 입구에서
작은 깃 하나를 주워 든다
어느 새의 몸통을 가려주던 걸까?

날아가 돌아오지 않는 새들을 기다리던 나무는
힘없이 자신의 깃을 떨구기 시작하고
깃들 곳 없는 이들이
나무를 한 바퀴 돌아 어둠 속으로 사라질 때
반짝, 빛나던 별들을 기억한다

그 기억의 힘이 우리를 구원해줄 거라 믿던
순진한 시절을
너도 건너 왔느냐?
다시 돌아갈 길을 찾지 못하고 있느냐?

작은 깃 머리에 꽂고
빙글빙글 춤을 추며 숲을 빠져나가는

실성한 이를 위해 무슨 노래를 들려주랴

깃들 곳 없는 시대를 만난
내 노래는 잘려나간 그루터기 앞에서
자꾸만 음정을 놓치고 만다

용서하지 마라

1.
오줌이 변기 밖으로 튈까 봐 여자처럼 쪼그리고 앉아
오줌을 누는 사내들이 있다고 들었다

수컷다움을 포기하지 못하는 나는
차마 그렇게는 못하고
세수할 때만이라도
푸푸거리며 씻다 세면대 밖으로
물이 튀지 않도록 조심해야겠다는 생각을 한다

남자들은 왜 그리 지저분할까요?
— 남자란 동물들은 원래 그래요
덜렁거리는 그놈을 싹둑 잘라버리세요
— 이참에 성전환수술이라도 받아볼까요?

 발정 난 수컷들이 시도 때도 없이 몰려다니며 정복자의
노래를 부르는 건 오랜 습성이어서, 나는 죽어서 결코 다시 태어나고 싶지 않지만, 그래도 꼭 태어나야 한다면 한 그루 나무가 되면 좋겠다고 생각하다가, 그래도 꼭 인간으로 태어나야 한다면 남자보다는 여자로 태어나고 싶다고 중얼거리다가, 아니야 아니야 도리질을 한다

다음 생은 너무 머나먼 일인데다, 있을지 없을지도 모르는 일이어서
그건 너무 무책임한 말이 되겠기에!

2.
아침에 물이 튀지 않게 조심조심 세수를 하고
거울을 보다 흉물스럽게 자라난 수염을 발견했다

막무가내로 밀고 나오는 수염처럼 폭력은 일상을 지배한다
단언컨대, 수컷이 멸종하지 않는 한 폭력은 사라지지 않을 것이고
오늘 내게 주어진 시간을 쓰는 동안 내가 어떤 폭력을 저지를지 나도 모른다.
그러므로 수염 달린 수컷으로 사는 동안
나는 나를 용서하지 않기로 한다

127호 산막*

두런두런
두 할마시 주고받던 말들
어느 샌가 잦아들고
산막 입구에 내려앉은
별빛 몇 점
오돌오돌 떨고 있는 밤
낮에 만난 용역들이
꿈속에도 찾아 왔는가
화들짝 뒤채다, 끙
소리와 함께 돌아누울 때

야야 너들도 와서 먹어라
젓가락을 쥐어 주고
여그꺼정 와서 먼 고생이냐
라면 가닥 덜어 주며

쌍욕을 퍼붓던 입 속으로

후루룩— 잘도 들어가는구나
떡도 넣어 주면 안 될까요?
하이고, 넉살도 좋구나

한낮의 일이
꿈결인 듯 멀어지고
품 안에 간직한
유서처럼
캄캄한 밤이 깊어간다

* 127호 송전탑 예정지 앞에 있는 움막이다. 76만5천 볼트 고압송전탑 건설을 막기 위해 일흔이 넘은 어르신들이 유서를 가슴에 품은 채 산속에 움막을 치고 생활하고 있다.

아구가 좋다

학교 앞에 음식점이 하나 있는데
이름이 '아구가 좋아'이다
나도 아구가 좋다
표준어로는 아귀가 맞는다고 하지만
그런 표준어 따위 쓰레기통에나 던져 버리라지
명색이 국어선생이라는 자가 그래도 되냐고 트집 잡지 마라
잘난 체하는 것들에겐 방귀 대신 방구를 날려주마

아구께서 큰 입을 벌려 말씀하시길,
나는 평생을 바다 밑바닥에서만 살아온 터라
밑바닥이 어떤 건지 조금은 안다
많이 배운 척, 고상한 말로 가르치려 드는 것들보다
밑바닥 천덕꾸러기로 살아온 것들이 눈물겨운 이유를
사전에서 찾을 수 있겠는가

아구는 아구일 때 빛나는 법이니

아귀는 손아귀에게나 줘버리고
오늘 저녁 아구찜에 쐬주 한잔, 어때?

오타의 나라

대한민국을 대한미국으로 쳐놓고는
자판이 내 마음을 읽었나?
속으로 뜨끔하면서도 통쾌했는데
며칠 후 인터넷 게시판에 어떤 이가
찬막농성장이라 쳐놓은 걸 보고
절묘함에 고개를 끄덕였다
혹한이 이어지는 한겨울이라
천막이 찬막으로 찍힌 게 너무 자연스러워
무심결이 결코 무심결이 아닐 수도 있겠구나 싶었다

오타를 지우듯 손쉽게 지워져
찬막농성장으로 내몰린 이들과
자신의 손가락을 한 번도 의심하지 않은 채
법과 질서만을 쳐대고 있을 누군가가
함께 살고 있는 대한미국
오, 타락한 나라

볼록한 눈

차로 산길을 돌아가다
꺾어지는 곳에서 만난 볼록거울

위험은 항상 사각死角에 숨어 있으나
살다보면 돌아 나올 수 없는 길이 있다
굽잇길 저 너머에서 무엇이 튀어나올지 몰라도
잠시 속도를 늦추고 사주경계를 하며
앞으로 나아가야만 한다

그럴 때 저 볼록거울
툭 튀어나온 눈처럼 반가운 것들이 있어
또 한 굽이 무사히 넘어갈 수 있는 것이다

시인이여, 볼록눈을 한 초병이여
외롭고 쓸쓸하더라도 행여
눈꺼풀을 내리지는 말아라

□ 해설

그림자를 내어 주는 시

이민호(시인, 문학평론가)

1. 파문의 시학

우리를 인간으로 만드는 것은 바로 그림자이다. 융의 말처럼 그림자 없는 실체는 존재할 수 없기 때문이다. 누구도 함부로 다룰 수 없기에 그림자는 오래도록 부정적인 것으로 치부된 채 공포의 대상이었으며 터부였다. 그러므로 그늘을 통해 빛을 감지하려는 발상은 역설적이다. 박일환의 시도 이 역발상에서 비롯한다. 우리 시대의 지독한 편견과 박해를 무엇으로 설명할 수 있는가. 엔드류 사무엘이 그림자를 통해 접근했듯이 박일환 또한 우리의 그림자를 좇기로 한 것이다.

근대 이후 사회적 감시와 처벌의 대상은 빛보다는 그림

자였다. 푸코가 말한 광기의 역사다. '환상, 정념, 허영, 방탕, 낭비, 광란, 우울, 빈곤, 저항, 본능, 감성, 불경건, 비이성, 무의식, 비정상, 신성모독'으로 낙인찍힌 무수한 그림자들. 오늘도 집단권력은 부단히도 그림자를 통제하려 혈안이다. 그림자는 우리의 욕망이며 정신이기 때문이다. 그렇다면 그들은 우리의 정신을 왜 통제하려는 것일까. 목적은 노동력을 확보하려는 데 있다. 정신을 지배함으로써 신체의 생산성을 높이려는 꼼수다.

감시와 통제는 집요하고 교묘하다. 그럴수록 집단권력도 그림자도 더욱 은폐될 수밖에 없다. 박일환은 지금 이 은폐된 권력과 그림자 앞에 서 있다. 기로에 서 있는 것이다. 법의 이름 뒤로 숨어버린 거대 권력을 향해 정면 돌파하여 그 허위와 기만을 폭로할 것인가. 아니면 "무엇을 할 것인가." 20세기 초를 노동자의 피로 물들였던 레닌의 침묵을 따를 것인가. 하지만 그의 고민은 거기에 있지 않다.

이 시집은 은폐된 권력보다는 은폐된 그림자의 기록이다. 억압된 그림자를 구출함으로써 동시에 권력의 감시와 통제 구조가 드러나리라 불온한 희망을 품는 것이다. 그리고 시인은 '볼록눈(시 「볼록한 눈」)'을 갖기로 했다. '오목눈'이 졸보기처럼 사물을 미시적으로 관찰하는 데 적합하다면, '볼록눈'은 돋보기처럼 사물을 확장시켜 크게 보려는 뜻이 있다. 이런 측면에서 그의 시 쓰기는 파문의 시학이라 할 수 있다. 파문은 수면에 이는 물결처럼 먼데까지 영향을 미치는 확장성이 있기 때문이다. 또한 '볼록눈'은 시간이 지나면 사물을 거꾸로 보이게 한다. 이는 숨겨진 공간을 제대로 보이게 하는 기능이다. 이를 파문의 시학과 연결시켜 전도성(顚倒性)이라 부를 만하다. 파문은 중심으로부터 시작되었지만 확장되는 순간에 애초의 모양을 일거에 혁신하기 때문이다.

그림자를 내어준다는 것은 억압으로부터의 해방이며 나의 실존을 나누어 갖는 증여라 할 수 있다. 그러므로 이 시집은 은폐된 그림자를 파문의 형식에 실어 때론 확장하여 보여주고 때론 전도시켜 보여줌으로써 우리가 겪고 있는 죽음충동을 삶의 욕망으로 바꾸고자 한다.

2. 홀림과 비애

그림자는 실체가 존재함으로 가치가 있다. 그러므로 실체를 지향하지 않으면 처음부터 존립하지도 않았을 것이다. 한 폭의 그림이 생생하게 다가오는 것은 현실 속에 지향하는 대상이 있기 때문이다. 만약 대상으로부터 멀어져 알 수 없는 그림이 된다면 화폭 속 그림은 한낱 얼룩에 지나지 않을 것이다. 그림자도 마찬가지다. 박일환은 대상과 그림자의 이러한 관계 즉 빛과 그림자의 상호관계를 통해 현실 속 실체에게 의미와 가치를 부여 한다.

> 봄을 틈 타
> 돋아난 게 아니라
> 자신이 돋아나서
> 비로소 봄이라는
> 우격다짐 앞에
> 너도 그만 홀리고 말았구나
> 아지랑이
> 아지랑이만 풀어놓으며
> 정신 줄 놓은
> 벌판아
>
> ―「천하무적 새싹」 전문

> 새들이 숨기 좋을 만큼
> 바람이 수런대기 딱 좋을 만큼
> 제 몸을 넓혀보겠다고 나뭇잎들이
> 애쓰는 동안
>
> 나뭇잎들이 서로 얼굴 부비며
> 다정한 숲을 이루는 동안

숲으로부터 떨어져 나온
공원 벤치 위에
엽록소가 다 빠져나간 듯
누런 나뭇잎 한 장 누워 있다

제 몸의 크기를 줄이며
뒤척임도 없이
잘 말라가고 있다

―「노숙」 전문

 위 두 시를 통해 두 가지 그림자를 감각하게 된다. '아지랑이'처럼 투명한 '흰 그림자'와 '누런 나뭇잎'으로 떨어진 '검은 그림자'다. 아지랑이가 지향하고 있는 대상은 봄에 피어난 '새싹'이다. 시인은 벌판에 피어나는 아지랑이를 목격함으로써 아지랑이가 지향하고 있는 새싹의 역동적인 생명력을 실감한다. 이 순간 그는 격한 파문의 소용돌이 속에 휩싸인다. 홀림이다. 이 매혹의 순간은 새로운 생명과 동일화하려는 상상계의 속성이라 할 수 있다. 이 세계는 현실에서 체험할 수 없는 경이로움의 발견에서 비롯한다. 자아를 잃은 채 빠져버릴 만큼 폭력적인 봄의 실상이다. 지금까지 시인을 지배했던 순환적인 봄의 구조는 이제

새 생명의 '우격다짐' 앞에 무너졌다. 봄조차도 대상화시켜버린 이 놀라운 생명의 정당성은 아무도 대적할 수 없다. 그러므로 현실에서 겪는 생명의 억압도 이렇게 풀어야 한다고 시인은 말하고 있는 것이다.

천하무적 환상적 자아는 검은 그림자를 통해 자기 주체를 확인한다. 숲의 풍경은 양분돼 있다. 안과 밖으로 분리된 이 질서의 지배 잣대는 '차이'다. 시인은 숲 밖으로 밀려난 나뭇잎의 그림자를 보고 비로소 무리에서 떨어져 나간 타자를 인식한다. 이 새로운 주체의 탄생은 생명의 파장을 죽음의 파장으로 변주시켜 확장된다. 이 순간 시인을 지탱하고 있는 이상적 자아는 흔들리고 있다. 숲의 상징적 언어가 협소한 동지애와 근거 없는 안온함의 확장으로 가득 찰 때 숲 밖의 상징적 기호는 생명력을 상실한 채 축소되고 있다. 그처럼 숲의 질서가 규정하고 지배하는 어떤 '만큼'의 주체와 '우격다짐'으로 싹 튼 탈중심적 자아가 동일화될 수는 없다. 떨어져나간 주체에 대한 연민이 그를 붙잡고 있기 때문이다. 시인은 벌판의 상황과 숲의 사정을 함께 겪는 혼돈에 싸여 있다. 이 조울증적 상태는 다음 시에서처럼 현실세계의 차이를 더욱 극명하게 드러낸다.

죽어가는 바다와 살아 있는 바다 사이
방조제 위에서 기념사진을 찍는데

잠자리 떼 날아와 얼쩡거린다

저도 찍히고 싶다는 겐지

한해살이 주제에 건방지다 싶은데

그래도 저놈들은

허물이라도 벗어놓고 왔지

죽음이 해마다 허물 벗는 것처럼

새로운 탄생일 수 있다면 얼마나 좋겠는가

생각하는 사이

찰칵,

셔터 소리에 갇혀 버린

돌이킬 수 없는 풍경 하나!

―「새만금 잠자리」 전문

  시인은 지금 죽음과 삶의 경계에 있다. '죽어가는 바다'와 '살아 있는 바다'의 차이는 실상 현실에서 지배적으로 반복되는 상징체계다. 이 억압을 뚫고 그림자(사진) 속으로 느닷없이 '잠자리' 한 마리가 뛰어든 것이다. 그러나 재생과 갱신을 거듭하는 삶의 지향점은 잠시 환상일 뿐이다. 시인은 '찰칵' 거리는 기계음에서 이 새로운 탄생을 저지하는 파시즘을 감지한다. 이처럼 '돌이킬 수 없는' 절망감은 그의 절박한 현실인식을 반영하고 있으며 더불어 '갇혀 버린' 타자들을 해방시켜야 한다는 윤리적 선택을 하도록

한다.

>더 이상 고개 숙이지 마라
>울지도 마라
>
>정지된 미래를 떠메고 갈
>장정들 아직 도착하지 않았다
>
>삼킨 울음으로
>노래하라, 춤추라
>
>이제 곧 검은 비가 내리리니
>화염에 탄 주검들 식으려면 아직 멀었다
>―「남일당」에서

>그날 아빠가 저희와 함께하지 못한 게 너무나 미안해서 일하는 현장 바닥에서 밤새 쪼그리고 잤다는 얘기를 나중에 전해 들었어요 그래서 이번에는 저희 아빠처럼 어쩔 수 없는 사정 때문에 참여하지 못하는 사람들의 마음까지 함께 안고 참여를 하려고 해요 1박 2일 동안 희망을 만드는 즐거운 시간 함께 할 수 있으면 좋겠어요
>―「희망버스 47호」에서

멀리 있어도 슬프고 두려운 일이 너무나 많은
나날 속에, 강정
네 이름을 도리질로 외면하며
가지 말자, 가지 말자
다짐도 아닌 다짐과 함께 꾸역꾸역 밥을 먹고
저녁이면 술을 마실 때
비굴함도 쌓이면 비애가 되는가
―「강정을 생각하는 일」에서

이 시들은 박일환이 우리에게 내어준 그림자들이다. 동시에 집단권력이 은폐하고 감시하며 처벌하고 배제하려는 그림자들이다. 용산의 시간은 정지돼 있다. 그날 그 광기의 시간에. 비록 '남일당'에서 주검들을 마음대로 치워버렸지만 '아직' 검은 그림자는 지우지 못했다. 그래서 '아직' 그 기억을 삭제하지 않으려면 시간은 멈춰 있어야 한다. 남은 자들이 할 일은 다만 노래하고 춤추는 일뿐이다. 이 춤과 노래는 주술이다. 절망과 희망을 동시에 호명하는 혼돈의 제의에 바쳐진 파문의 씨앗이다. '화염에 탄 주검들'은 빛으로 드러나지 않는다. 오직 검은 그림자를 통해 존재를 증명할 것이다. 이 절망의 기호와 함께 시인은 도래할 희망의 전신자(강정)를 예견한다. 그래서 절망과 희망의 차이에서, 반복되는 죽음과 삶의 경계에서 희망의 물결을 일으키자고 노래하는 것이다. 남일당에 찾아올 장정은 오래지 않아 희망버스를 탔다. 그는 우리에게 드리워진 죄의식을 일소하러 오는 사람이다. 존재와 비존재의 차이를 지우고 희망의 그림자를 새롭게 드리우러 오는 이다. 희망을 생각하고 떠올리는 것만으로도 충분하다. 일상의 비굴이 비애로 승화되듯. 파문의 확장 양상은 홀림과 비애의 포착에서 비롯한다. 이는 삶과 죽음의 차이를 극명하게 대비하는 감각으로서 현실에서 우리가 겪고 있는 실상과 동일성을 갖는다.

3. 매달림

절망과 희망의 두 그림자는 어떻게 통합되는가. 박일환은 이 통합의 기제를 파문의 전도성에서 찾는다. 두 그림자가 지향하는 대상이 분리된 실체가 아니라 통합된 하나라는 인식이다. 유독 그의 시에서 반복되는 기표는 '하나'다. '진달래 한 그루, 술 한 잔, 빛나던 한 시절, 한 소녀, 시 한 편, 농성 천막 한 채, 오동나무 한 그루, 눈물 한 방울, 무릎 한 번, 한 줌 햇살, 한평생, 집 한 채, 무덤 한 채, 법문 한 자락, 커피 한 잔, 사진 한 장, 영혼 한 자락, 지구의 한 모서리, 양 한 마리, 참새 한 마리, 낯선 땅 한 모퉁이, 비행기표 한 장, 게르 한 채, 열매 한 알, 한 그루 나무, 쐬주 한 잔, 한 굽이, 돌이킬 수 없는 풍경 하나, 양말 하나, 윤슬 조각 하나, 아들만 하나, 바윗돌 하나, 작은 깃 하나, 음식점이 하나'. 이들 '하나'의 계열체는 시인의 연민이 머무는 대상이며 그림자를 좇다보면 가 닿게 되는 근원들이다.

   도마뱀붙이를 길러볼까 해요
   도마뱀 사촌쯤 된다는데
   발가락에 빨판이 붙어 있어
   벽이나 천장에도 맘대로 매달릴 수 있대요

   나도 천장에 붙어서 방바닥을 내려다보면
   재미있을 것 같아요

   공사장 비계에 매달려 일하다
   철근더미 위로 떨어져 죽은 아빠
   방바닥에 죽은 듯이 누워만 있다
   아예 땅 밑으로 꺼져 버린 엄마

   꽃잎처럼 혹은 낙엽처럼
   대책 없이 아무렇게나 떨어져 내리는 것들을 보면

참을 수가 없어요
악착스레 매달리지 못한 죄를
누가 사해 줄 수 있나요

도마뱀붙이를 길러 볼까 해요
피붙이가 없는 나는
무엇보다 붙이라는 말이 좋아요
도마뱀붙이와 붙어살며
거꾸로 매달아 놓아도 떨어지지 않는
아귀힘을 길러볼까 해요

―「도마뱀붙이」 전문

  도마뱀은 환상적이다. 포식자를 만나면 스스로 꼬리를 자른다. 잘린 꼬리가 꿈틀거려 포식자가 혼란스러워 하는 사이 도마뱀은 무사히 달아난다. 그리고 새로운 꼬리가 천천히 자라난다. 이 재생의 환상은 거세된 자아의 거울이기도 하다. 이 상상의 기표는 천장에 맘대로 매달릴 수 있는 도마뱀붙이로 변주되면서 또 다른 상징의 기표를 갖는다. 주체가 아닌 타자이면서도 천장에 붙어서 지상을 조망하는 이 유쾌한 삶의 방식은 자못 역설적이다. 주체를 역으로 타자화시키고 삶의 방식을 거꾸로 매달아 놓은 이중의 전도성이 필요한 이유는 분노와 연민 탓이다. '대책 없이 아무렇게나 떨어져 내린' 타자들에 대한 부채감의 발로다. 그래서 시인은 도마뱀붙이와 추락사한 노동자와 새로운 '붙이'를 형성하며 '하나'를 이루려 한다. 이 공동체적 인식의 파문은 확장되는 순간 전도성을 갖게 된다. 끝없이 떨어져 내리려는 죽음 충동과 밖으로부터 가해지는 거센 공포를 전도시키는 힘으로 되돌아오는 것이다.

    이른 봄비 그치고
    가지마다 작은 빗방울들
    옹기종기 매달려 있는데

    차마 떨어져 내릴세라
    나뭇가지들
    내민 팔 함부로 흔들지도 못하는데

    끌어안고 기댄 자리마다
    병아리 부리 같고
    아기 입술 같은
    새 눈이 머잖아 돋아나리니

                                     —「새 눈」에서

    저 미련한 것들

간밤의 비바람에 다들 떨어져나갔는데
한사코 매달려서 버팅기는
철부지 같은 것들
힘차게 펄럭이는
깃발도 되지 못하면서
추풍낙엽의 시절에 어쩌자고
측은함만 불러들이는
누런 잎새들
그 아래

1000일을 넘겼다는 알림판이 붙어 있는
농성 천막 한 채

―「잔인한 희망2」 전문

현실을 뒤바꾸는 전도의 힘은 그리 강력한 것은 아니다. 거기에는 빗방울들의 매달림과 같이 서로 다른 타자들의 어울림이 있다. 그리고 나뭇가지들처럼 '차마' 함부로 부리지 않는 주체의 너그러움이 공존하고 있다. 이 공생과 공거의 조화가 이루는 세상을 시인은 예견하고 있다. 서로 '끌어안고 기댄 자리'에 드리워진 그림자를 지향할 때마다 새로운 파문의 씨앗(새 눈)이 확장될 것이다. 그것은 이 세상의 어떤 상징체계로부터도 자유로운 존재로서 '병아리의 부리'와 '아기 입술'이 은유하는 순수성을 지닌다. 그래야 '1000일을 넘긴 천막 농성'의 맹목이 당위성을 갖게 된다. 검은 그림자(누런 잎새들) 아래 그들은 '철부지'이며 '측은한 존재'들이기 때문이다. 그들에게 '희망'은 절망의 기호로 채색된 듯하지만 시인은 '한사코 매달려' 있는 그들에게서 '새 눈'이 돋으리라 노래한다. 그 노래 속에는 엘리어트가 노래한 '잔인한 4월'의 역설이 자리하고 있다. 즉 삶을 황무지로 만든 잔혹한 인간 욕망에 대한 분노가 담겨 있다. 그만큼 현실은 끊임없이 우리에게 희생을 요구하기 때문이다. 파문은 한 순간 사라져 없어질지도 모른다. 그러나 박일환은 '가라앉은 돌을 꺼내서 만져보고 싶은 순간(시 「늙어가는 풍경」)'을 상정함으로써 죽음조차도 다시 삶으로 바꾸어내는 타자의 영역에 서려 한다. 이러한 파문의 전도성이 바로 '구부렸다 펴는 힘이 오늘을 밀어 내일에 가 닿게 할 것을(시 「영도경찰서를 나와」)' 믿는 박일환 시의 인장력이라 할 수 있다.

4. 바람이 전하는 말

니체가 신의 죽음을 선언함으로써 모든 것은 해체되고 상실되었다. 그리고 나서야 차라투스트라는 자신의 그림자를 발견하며 즐거운 마음으로 스스로 춤추는 자가 된다. 이 비극적 현실의 미학적 승화가 박일환이 추구하는 시법이라 해도 좋을 것 같다. 그리고 장자가 자신의 그림자를 발견하고 현실세계의 온갖 어찌할 수 없는 굴레와 속박으로부터 자유로워졌듯이 박일환의 그림자를 내어주는 삶 또한 그러할 것이다.

그림자를 지향하는 것은 세상을 향해 돌을 던지는 것이다. 광기의 역사 속에 던져진 수많은 목숨들이 일으키는 파문과 같은 것이다. 그렇다면 파문의 씨앗은 어디서 날아온 것일까. 그것은 '우리들의 상한 영혼 한 자락도/ 살짝 띄워주던 바람(시 「오래된 식사 — 몽골초원에서」)'이 실어온 '외로워서 빛나는 그 쓸쓸함(시 「게르 한 채」)'이다. 바람은 또 이렇게 우리를 흔들어 놓는다.

함부로 무릎 꿇거나 주저앉지 말라고(시 「씩씩한 스타렉스」)
지배하지 않되 지배당하지도 않은(시 「게르 한 채」)